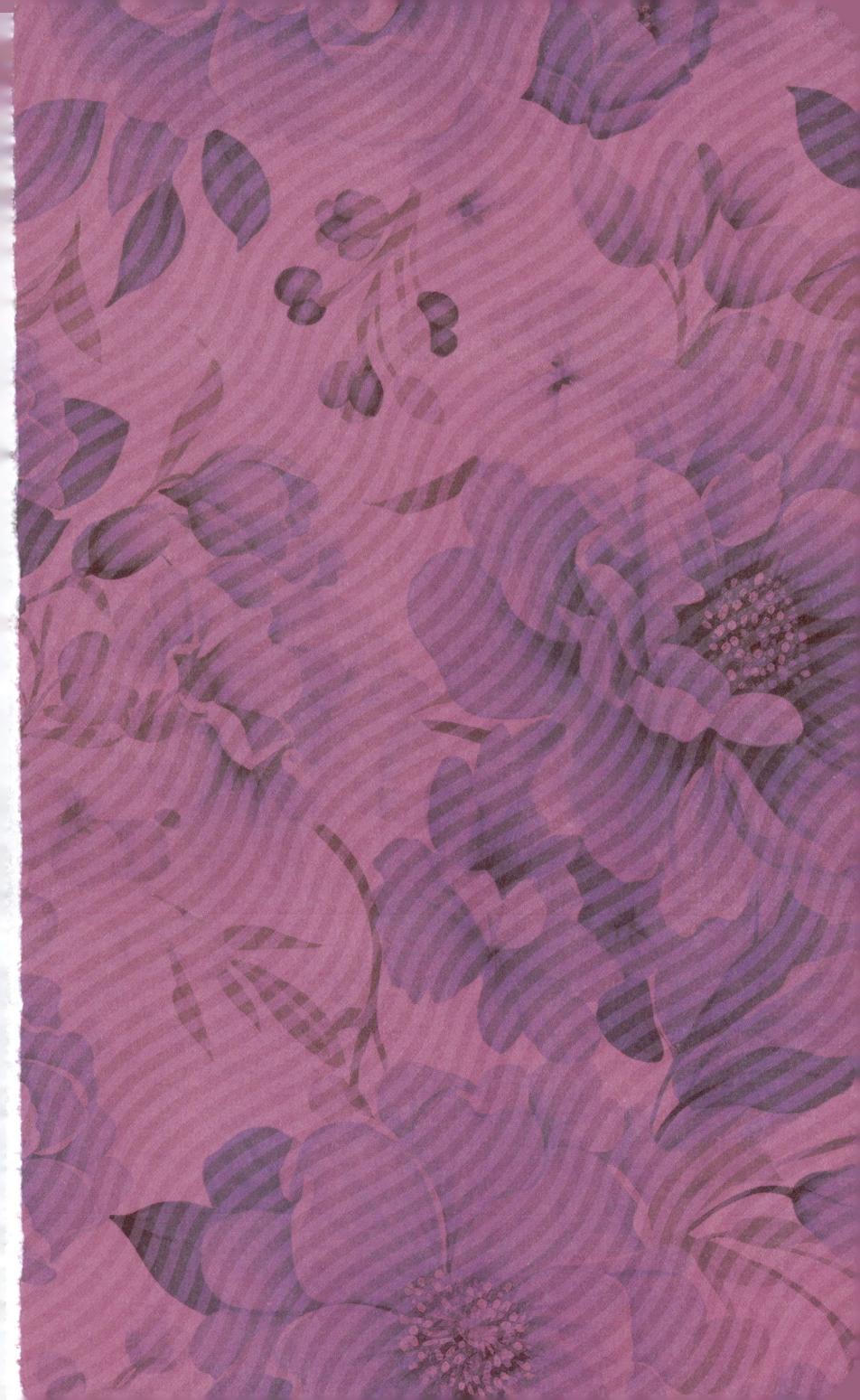

MÁRCIA
MARINHO

ore & anote

MINHAS **ORAÇÕES**
MINHAS ANOTAÇÕES

hagnos

1ª edição: dezembro de 2023

Revisão
Francine Torres

Projeto gráfico e diagramação
Sonia Peticov

Capa
Julio Carvalho

Editor
Aldo Menezes

Coordenador de produção
Mauro Terrengui

Impressão e acabamento
Imprensa da Fé

Editora Hagnos Ltda.
Rua Geraldo Flausino Gomes, 42, conj. 41
CEP 04575-060 — São Paulo, SP
Tel.: (11) 5990-3308

E-mail: hagnos@hagnos.com.br
Home page: www.hagnos.com.br

Associação Brasileira de Direitos Reprográficos

Dados Internacionais de Catalogação na Publicação (CIP)
Angélica Ilacqua CRB-8/7057

Marinho, Márcia Regina P.

Ore & anote: minhas orações, minhas anotações / Márcia Regina P. Marinho. – São Paulo : Hagnos, 2023.

ISBN 978-85-7742-465-8

1. Diários – Orações
2. Devocional
I. Título

23-6184 CDD 242

Índices para catálogo sistemático:

1. Diários – Orações

dados pessoais

ESSE DIÁRIO **PERTENCE** A:

MELHOR **HORÁRIO** PARA O DEVOCIONAL:

POR QUE É IMPORTANTE TER UM
TEMPO COM DEUS TODOS OS DIAS?

como usar o ore & anote

Esse caderno é dividido por grupo de páginas. Em cada uma delas você encontrará atividades diferentes que a ajudarão a ter uma maior intimidade com Deus. Siga nossas sugestões e aperfeiçoe seu tempo a sós com Ele.

meus alvos

Utilize esse campo para escrever quais são as metas/alvos que você deseja alcançar durante o ano. Com uma lista por escrito, você consegue visualizar melhor quais são os seus sonhos e o que precisa realizar para atingir esses objetivos.

versículos favoritos

Faça uma lista dos versículos que mais tocaram você. Ter esses versículos anotados facilita a sua consulta quando você precisar.

diário da oração

Diariamente, faça as suas anotações referente ao seu dia. Preencha os campos com a data, qual versículo você leu no dia e o que aprendeu com ele, pelo o que você agradece e pede perdão e, por fim, pedidos de oração. Se mantiver o hábito de preencher esses dados, você terá um histórico dos seus dias. Você também poderá, lá na frente, acompanhar os milagres que Deus fez e saber que tudo é fruto da sua oração. Não deixe de registrar.

pedidos de oração

Anote nesse quadro quais são os pedidos de oração mais importantes. Com essa lista em mente, você poderá focar nesses pedidos e, depois, ter um registro para consultar e acompanhar as repostas de Deus.

quadro de leitura

Com esse recurso, você poderá manter um controle dos capítulos que já leu, o que possibilitará a leitura completa da Bíblia de maneira mais organizada e focada em seu objetivo. Nos momentos de oração, tenha sempre com você uma bíblia pois ela será seu guia.

Nas páginas do Quadro de Oração, você encontra algumas tabelas de controle com todos os versículos existentes da bíblia.

A medida que você ler algum versículo, marque um X nesse controle para que você saiba quais desses versículos já foram lidos. Não se preocupe em seguir uma ordem, deixe Deus guiar você!

para líderes

Se você é líder ou lidera especialmente um ministério de mulheres, leve esse projeto para as participantes do seu grupo. Sugira que cada uma adquira um exemplar de *Ore & anote*, a fim de registrarem o que Deus tem feito em alguma campanha específica da igreja ou do ministério.

sugestão de implementação

Uma vez cada membro do seu grupo tenha adquirido o próprio exemplar de *Ore & anote*, sugira que elas preencham diariamente as anotações todos os dias por um período de quarenta dias, por exemplo. Ao final desse período ou outro mais conveniente, marque um dia de Celebração em que todas possam se reunir para um encontro de Ação de Graça e compartilhar as conquistas do grupo e compartilhar o que Deus fez ao longo desse tempo.

meus alvos de oração

versículos
favoritos

quadro de leitura

ANTIGO TESTAMENTO

Salmos

1 2 3 4 5 6 7 8 9 10
11 12 13 14 15 16 17 18 19 20
21 22 23 24 25 26 27 28 29 30
31 32 33 34 35 36 37 38 39 40
41 42 43 44 45 46 47 48 49 50
51 52 53 54 55 56 57 58 59 60
61 62 63 64 65 66 67 68 69 70
71 72 73 74 75 76 77 78 79 80
81 82 83 84 85 86 87 88 89 90
91 92 93 94 95 96 97 98 99 100
101 102 103 104 105 106 107 108 109 110
111 112 113 114 115 116 117 118 119 120
121 122 123 124 125 126 127 128 129 130
131 132 133 134 135 136 137 138 139 140
141 142 143 144 145 146 147 148 149 150

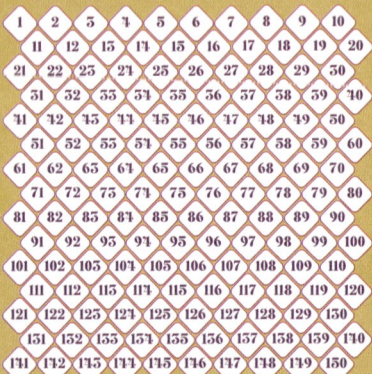

1Crônicas

1 2 3 4 5 6 7 8 9 10
11 12 13 14 15 16 17 18 19 20
21 22 23 24 25 26 27 28 29

2Crônicas

1 2 3 4 5 6 7 8 9 10
11 12 13 14 15 16 17 18 19 20
21 22 23 24 25 26 27 28 29 30
31 32 33 34 35 36

Levítico

1 2 3 4 5 6 7 8 9 10
11 12 13 14 15 16 17 18 19 20
21 22 23 24 25 26 27

Gênesis

1 2 3 4 5 6 7 8 9 10
11 12 13 14 15 16 17 18 19 20
21 22 23 24 25 26 27 28 29 30
31 32 33 34 35 36 37 38 39 40
41 42 43 44 45 46 47 48 49 50

Isaías

1 2 3 4 5 6 7 8 9 10
11 12 13 14 15 16 17 18 19 20
21 22 23 24 25 26 27 28 29 30
31 32 33 34 35 36 37 38 39 40
41 42 43 44 45 46 47 48 49 50
51 52 53 54 55 56 57 58 59 60
61 62 63 64 65 66

Jó

1 2 3 4 5 6 7 8 9 10
11 12 13 14 15 16 17 18 19 20
21 22 23 24 25 26 27 28 29 30
31 32 33 34 35 36 37 38 39 40
41 42

Êxodo

1 2 3 4 5 6 7 8 9 10
11 12 13 14 15 16 17 18 19 20
21 22 23 24 25 26 27 28 29 30
31 32 33 34 35 36 37 38 39 40

Josué

1 2 3 4 5 6 7 8 9 10
11 12 13 14 15 16 17 18 19 20
21 22 23 24

1Samuel

1 2 3 4 5 6 7 8 9 10
11 12 13 14 15 16 17 18 19 20
21 22 23 24 25 26 27 28 29 30
31

2Samuel

1 2 3 4 5 6 7 8 9 10
11 12 13 14 15 16 17 18 19 20
21 22 23 24

1Reis

1 2 3 4 5 6 7 8 9 10
11 12 13 14 15 16 17 18 19 20
21 22

2Reis

1 2 3 4 5 6 7 8 9 10
11 12 13 14 15 16 17 18 19 20
21 22 23 24 25

Provérbios
1 2 3 4 5 6 7 8 9 10 11 12 13 14 15 16 17 18 19 20 21 22 23 24 25 26 27 28 29 30 31

Deuteronômio
1 2 3 4 5 6 7 8 9 10 11 12 13 14 15 16 17 18 19 20 21 22 23 24 25 26 27 28 29 30

Ezequiel
1 2 3 4 5 6 7 8 9 10 11 12 13 14 15 16 17 18 19 20 21 22 23 24 25 26 27 28 29 30 31 32 33 34 35 36 37 38 39 40 41 42 43

Números
1 2 3 4 5 6 7 8 9 10 11 12 13 14 15 16 17 18 19 20 21 22 23 24 25 26 27 28 29 30 31 32 33 34 35 36

Juízes
1 2 3 4 5 6 7 8 9 10 11 12 13 14 15 16 17 18 19 20 21

Jeremias
1 2 3 4 5 6 7 8 9 10 11 12 13 14 15 16 17 18 19 20 21 22 23 24 25 26 27 28 29 30 31 32 33 34 35 36 37 38 39 40 41 42 43 44 45 46 47 48 49 50 51 52

Zacarias
1 2 3 4 5 6 7 8 9 10 11 12 13 14

Oseias
1 2 3 4 5 6 7 8 9 10 11 12 13 14

Neemias
1 2 3 4 5 6 7 8 9 10 11 12 13 14

Daniel
1 2 3 4 5 6 7 8 9 10 11 12

Eclesiastes
1 2 3 4 5 6 7 8 9 10 11 12

Ester
1 2 3 4 5 6 7 8 9 10

Esdras
1 2 3 4 5 6 7 8 9 10

Amós
1 2 3 4 5 6 7 8 9

Cântico dos Cânticos
1 2 3 4 5 6 7 8

Lamentações
1 2 3 4 5

Miqueias
1 2 3 4 5 6 7

Rute
1 2 3 4

Jonas
1 2 3 4

Malaquias
1 2 3 4

Habacuque
1 2 3

Sofonias
1 2 3

Naum
1 2 3

Joel
1 2 3

Ageu
1 2

Obadias
1

quadro de **leitura**

NOVO TESTAMENTO

Mateus
1 2 3 4 5 6 7 8 9 10 11 12 13 14 15 16 17 18 19 20 21 22 23 24 25 26 27 28

Marcos
1 2 3 4 5 6 7 8 9 10 11 12 13 14 15 16

Lucas
1 2 3 4 5 6 7 8 9 10 11 12 13 14 15 16 17 18 19 20 21 22 23 24

João
1 2 3 4 5 6 7 8 9 10 11 12 13 14 15 16 17 18 19 20 21

Atos
1 2 3 4 5 6 7 8 9 10 11 12 13 14 15 16 17 18 19 20 21 22 23 24 25 26 27 28 29

Apocalipse
1 2 3 4 5 6 7 8 9 10 11 12 13 14 15 16 17 18 19 20 21 22 23 24 25 26 27 28

Hebreus
1 2 3 4 5 6 7 8 9 10 11 12 13

Romanos
1 2 3 4 5 6 7 8 9 10 11 12 13 14 15 16 17 18

1Coríntios
1 2 3 4 5 6 7 8 9 10 11 12 13 14 15 16

2Coríntios
1 2 3 4 5 6 7 8 9 10 11 12 13

Gálatas
1 2 3 4 5 6

Efésios
1 2 3 4 5 6

Filipenses
1 2 3 4

Tiago
1 2 3 4 5

1Timóteo
1 2 3 4 5 6

2Timóteo
1 2 3 4

Tito
1 2 3

Filemom
1

Colossenses
1 2 3 4

1Pedro
1 2 3 4 5

2Pedro
1 2 3

1João
1 2 3 4 5

2João
1

3João
1

1Tessalonisences
1 2 3 4 5

2Tessalonisences
1 2 3

Judas
1

pedidos de oração

respostas
de oração

ore
& anote

ore
& anote

data: ___/___/___

D S T Q Q S S

leitura do dia:

como aplicar na minha vida:

agradeço por:

perdão por:

pedidos e anotações do dia:

ore
& anote

data: ___/___/___

D S T Q Q S S

leitura do dia:

como aplicar na minha vida:

agradeço por:

perdão por:

pedidos e anotações do dia:

ore
& anote

data: ___/___/___

D S T Q Q S S

leitura do dia:

como aplicar na minha vida:

agradeco por:

perdão por:

pedidos e anotações do dia:

ore
& anote

data: ___/___/___

D S T Q Q S S

leitura do dia:

como aplicar na minha vida:

agradeco por:

perdão por:

pedidos e anotações do dia:

ore
& anote

data: ___/___/___

D S T Q Q S S

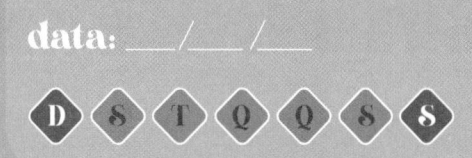

leitura do dia:

como aplicar na minha vida:

agradeco por:

perdão por:

pedidos e anotações do dia:

ore
& anote

data: ___/___/___

D S T Q Q S S

leitura do dia:

como aplicar na minha vida:

agradeco por:

perdão por:

pedidos e anotações do dia:

ore
& anote

data: ___/___/___

D S T Q Q S S

leitura do dia:

como aplicar na minha vida:

agradeco por:

perdão por:

pedidos e anotações do dia:

ore
& anote

data: ___/___/___

D S T Q Q S S

leitura do dia:

como aplicar na minha vida:

agradeço por:

perdão por:

pedidos e anotações do dia:

ore
& anote

data: ___/___/___

D S T Q Q S S

leitura do dia:

como aplicar na minha vida:

agradeco por:

perdão por:

pedidos e anotações do dia:

ore
& anote

data: ___/___/___

D S T Q Q S S

leitura do dia:

como aplicar na minha vida:

agradeço por:

perdão por:

pedidos e anotações do dia:

ore
& anote

data: ___/___/___

D S T Q Q S S

leitura do dia:

como aplicar na minha vida:

agradeço por:

perdão por:

pedidos e anotações do dia:

ore
& anote

data: ___/___/___

D S T Q Q S S

leitura do dia:

como aplicar na minha vida:

agradeco por:

perdão por:

pedidos e anotações do dia:

ore
& anote

data: ___/___/___

D S T Q Q S S

leitura do dia:

como aplicar na minha vida:

agradeço por:

perdão por:

pedidos e anotações do dia:

ore
& anote

data: ___/___/___

D S T Q Q S S

leitura do dia:

como aplicar na minha vida:

agradeço por:

perdão por:

pedidos e anotações do dia:

ore & anote

data: ___/___/___

D S T Q Q S S

leitura do dia:

como aplicar na minha vida:

agradeço por:

perdão por:

pedidos e anotações do dia:

ore
& anote

data: ___/___/___

D S T Q Q S S

leitura do dia:

como aplicar na minha vida:

agradeco por:

perdão por:

pedidos e anotações do dia:

ore
& anote

data: ___/___/___

D S T Q Q S S

leitura do dia:

como aplicar na minha vida:

agradeço por:

perdão por:

pedidos e anotações do dia:

ore
& anote

data: ___/___/___

D S T Q Q S S

leitura do dia:

como aplicar na minha vida:

agradeco por:

perdão por:

pedidos e anotações do dia:

ore
& anote

data: ___/___/___

D S T Q Q S S

leitura do dia:

como aplicar na minha vida:

agradeco por:

perdão por:

pedidos e anotações do dia:

ore
& anote

data: ___/___/___

D S T Q Q S S

leitura do dia:

como aplicar na minha vida:

agradeço por:

perdão por:

pedidos e anotações do dia:

ore
& anote

data: ___/___/___

D S T Q Q S S

leitura do dia:

como aplicar na minha vida:

agradeco por:

perdão por:

pedidos e anotações do dia:

ore
& anote

data: ___/___/___

D S T Q Q S S

leitura do dia:

como aplicar na minha vida:

agradeco por:

perdão por:

pedidos e anotações do dia:

ore
& anote

data: ___/___/___

D S T Q Q S S

leitura do dia:

como aplicar na minha vida:

agradeco por:

perdão por:

pedidos e anotações do dia:

ore
& anote

data: ___/___/___

D S T Q Q S S

leitura do dia:

como aplicar na minha vida:

agradeco por:

perdão por:

pedidos e anotações do dia:

ore
& anote

data: ___/___/___

D S T Q Q S S

leitura do dia:

como aplicar na minha vida:

agradeço por:

perdão por:

pedidos e anotações do dia:

ore
& anote

data: ___/___/___

D S T Q Q S S

leitura do dia:

como aplicar na minha vida:

agradeço por:

perdão por:

pedidos e anotações do dia:

ore
& anote

data: ___/___/___

D S T Q Q S S

leitura do dia:

como aplicar na minha vida:

agradeço por:

perdão por:

pedidos e anotações do dia:

ore
& anote

data: ___/___/___

D S T Q Q S S

leitura do dia:

como aplicar na minha vida:

agradeço por:

perdão por:

pedidos e anotações do dia:

ore
& anote

data: ___/___/___

D S T Q Q S S

leitura do dia:

como aplicar na minha vida:

agradeço por:

perdão por:

pedidos e anotações do dia:

ore
& anote

data: ___/___/___

D S T Q Q S S

leitura do dia:

como aplicar na minha vida:

agradeco por:

perdao por:

pedidos e anotações do dia:

ore
& anote

data: ___/___/___

D S T Q Q S S

leitura do dia:

como aplicar na minha vida:

agradeço por:

perdao por:

pedidos e anotações do dia:

ore
& anote

data: ___/___/___

D S T Q Q S S

leitura do dia:

como aplicar na minha vida:

agradeço por:

perdão por:

pedidos e anotações do dia:

ore
& anote

data: ___/___/___

D S T Q Q S S

leitura do dia:

como aplicar na minha vida:

agradeço por:

perdão por:

pedidos e anotações do dia:

ore
& anote

data: ___/___/___

D S T Q Q S S

leitura do dia:

como aplicar na minha vida:

agradeco por:

perdão por:

pedidos e anotações do dia:

ore
& anote

data: ___/___/___

D S T Q Q S S

leitura do dia:

como aplicar na minha vida:

agradeço por:

perdão por:

pedidos e anotações do dia:

ore
& anote

data: ___/___/___

D S T Q Q S S

leitura do dia:

como aplicar na minha vida:

agradeco por:

perdao por:

pedidos e anotações do dia:

ore
& anote

data: ___/___/___

D S T Q Q S S

leitura do dia:

como aplicar na minha vida:

agradeco por:

perdão por:

pedidos e anotações do dia:

ore
& anote

data: ___/___/___

D S T Q Q S S

leitura do dia:

como aplicar na minha vida:

agradeco por:

perdão por:

pedidos e anotações do dia:

ore
& anote

data: ___/___/___

D S T Q Q S S

leitura do dia:

como aplicar na minha vida:

agradeço por:

perdão por:

pedidos e anotações do dia:

ore
& anote

data: ___/___/___

D S T Q Q S S

leitura do dia:

como aplicar na minha vida:

agradeço por:

perdão por:

pedidos e anotações do dia:

ore
& anote

data: ___/___/___

D S T Q Q S S

leitura do dia:

como aplicar na minha vida:

agradeco por:

perdão por:

pedidos e anotações do dia:

ore
& anote

data: ___/___/___

D S T Q Q S S

leitura do dia:

como aplicar na minha vida:

agradeço por:

perdão por:

pedidos e anotações do dia:

ore
& anote

data: ___/___/___

D S T Q Q S S

leitura do dia:

como aplicar na minha vida:

agradeço por:

perdão por:

pedidos e anotações do dia:

ore
& anote

data: ___/___/___

D S T Q Q S S

leitura do dia:

como aplicar na minha vida:

agradeço por:

perdão por:

pedidos e anotações do dia:

ore
& anote

data: ___/___/___

D S T Q Q S S

leitura do dia:

como aplicar na minha vida:

agradeço por:

perdão por:

pedidos e anotações do dia:

ore
& anote

data: ___/___/___

D S T Q Q S S

leitura do dia:

como aplicar na minha vida:

agradeço por:

perdão por:

pedidos e anotações do dia:

ore
& anote

data: ___/___/___

D S T Q Q S S

leitura do dia:

como aplicar na minha vida:

agradeco por:

perdão por:

pedidos e anotações do dia:

ore
& anote

data: ___/___/___

D S T Q Q S S

leitura do dia:

como aplicar na minha vida:

agradeco por:

perdão por:

pedidos e anotações do dia:

ore
& anote

data: ___/___/___

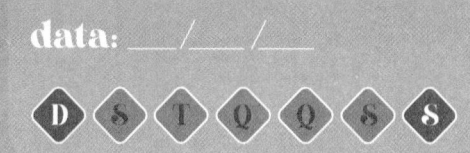

D S T Q Q S S

leitura do dia:

como aplicar na minha vida:

agradeço por:

perdao por:

pedidos e anotações do dia:

ore
& anote

data: ___/___/___

D S T Q Q S S

leitura do dia:

como aplicar na minha vida:

agradeco por:

perdão por:

pedidos e anotações do dia:

ore
& anote

data: ___/___/___

D S T Q Q S S

leitura do dia:

como aplicar na minha vida:

agradeco por:

perdão por:

pedidos e anotações do dia:

ore
& anote

data: ___/___/___

D S T Q Q S S

leitura do dia:

como aplicar na minha vida:

agradeço por:

perdão por:

pedidos e anotações do dia:

ore
& anote

data: ___/___/___

D S T Q Q S S

leitura do dia:

como aplicar na minha vida:

agradeco por:

perdão por:

pedidos e anotações do dia:

ore
& anote

data: ___/___/___

D S T Q Q S S

leitura do dia:

como aplicar na minha vida:

agradeco por:

perdão por:

pedidos e anotações do dia:

ore
& anote

data: ___/___/___

D S T Q Q S S

leitura do dia:

como aplicar na minha vida:

agradeço por:

perdao por:

pedidos e anotações do dia:

ore
& anote

data: ___/___/___

D S T Q Q S S

leitura do dia:

como aplicar na minha vida:

agradeco por:

perdão por:

pedidos e anotações do dia:

ore
& anote

data: ___/___/___

D S T Q Q S S

leitura do dia:

como aplicar na minha vida:

agradeço por:

perdão por:

pedidos e anotações do dia:

ore
& anote

data: ___/___/___

D S T Q Q S S

leitura do dia:

como aplicar na minha vida:

agradeço por:

perdao por:

pedidos e anotações do dia:

ore
& anote

data: ___/___/___

D S T Q Q S S

leitura do dia:

como aplicar na minha vida:

____
____
____
____

agradeço por:

____
____
____
____
____
____
____
____
____

perdão por:

____
____
____
____
____
____
____
____
____

pedidos e anotações do dia:

____
____
____
____

ore
& anote

data: ___/___/___

D S T Q Q S S

leitura do dia:

como aplicar na minha vida:

agradeço por:

perdão por:

pedidos e anotações do dia:

ore
& anote

data: ___/___/___

D S T Q Q S S

leitura do dia:

como aplicar na minha vida:

agradeço por:

perdão por:

pedidos e anotações do dia:

ore
& anote

data: ___/___/___

D S T Q Q S S

leitura do dia:

como aplicar na minha vida:

agradeço por:

perdão por:

pedidos e anotações do dia:

ore
& anote

data: ___/___/___

D S T Q Q S S

leitura do dia:

como aplicar na minha vida:

agradeço por:

perdão por:

pedidos e anotações do dia:

ore
& anote

data: ___/___/___

D S T Q Q S S

leitura do dia:

como aplicar na minha vida:

agradeço por:

perdão por:

pedidos e anotações do dia:

ore
& anote

data: ___/___/___

D S T Q Q S S

leitura do dia:

como aplicar na minha vida:

agradeço por:

perdão por:

pedidos e anotações do dia:

ore
& anote

data: ___/___/___

D S T Q Q S S

leitura do dia:

como aplicar na minha vida:

agradeço por:

perdão por:

pedidos e anotações do dia:

ore
& anote

data: ___/___/___

D S T Q Q S S

leitura do dia:

como aplicar na minha vida:

agradeco por:

perdão por:

pedidos e anotações do dia:

ore
& anote

data: ___/___/___

D S T Q Q S S

leitura do dia:

como aplicar na minha vida:

agradeco por:

perdão por:

pedidos e anotações do dia:

ore
& anote

data: ___/___/___

D S T Q Q S S

leitura do dia:

como aplicar na minha vida:

agradeço por:

perdão por:

pedidos e anotações do dia:

ore
& anote

data: ___/___/___

D S T Q Q S S

leitura do dia:

como aplicar na minha vida:

agradeco por:

perdão por:

pedidos e anotações do dia:

ore
& anote

data: ___/___/___

D S T Q Q S S

leitura do dia:

como aplicar na minha vida:

agradeço por:

perdão por:

pedidos e anotações do dia:

ore
& anote

data: ___/___/___

D S T Q Q S S

leitura do dia:

como aplicar na minha vida:

agradeco por:

perdao por:

pedidos e anotações do dia:

ore
& anote

data: ___/___/___

D S T Q Q S S

leitura do dia:

como aplicar na minha vida:

agradeco por:

perdão por:

pedidos e anotações do dia:

ore
& anote

data: ___/___/___

D S T Q Q S S

leitura do dia:

como aplicar na minha vida:

agradeço por:

perdão por:

pedidos e anotações do dia:

ore
& anote

data: ___/___/___

D S T Q Q S S

leitura do dia:

como aplicar na minha vida:

agradeco por:

perdão por:

pedidos e anotações do dia:

ore
& anote

data: ___/___/___

D S T Q Q S S

leitura do dia:

como aplicar na minha vida:

agradeco por:

perdão por:

pedidos e anotações do dia:

ore
& anote

data: ___/___/___

D S T Q Q S S

leitura do dia:

como aplicar na minha vida:

agradeco por:

perdão por:

pedidos e anotações do dia:

ore
& anote

data: ___/___/___

D S T Q Q S S

leitura do dia:

como aplicar na minha vida:

agradeço por:

perdão por:

pedidos e anotações do dia:

ore
& anote

data: ___/___/___

D S T Q Q S S

leitura do dia:

como aplicar na minha vida:

agradeco por:

perdão por:

pedidos e anotações do dia:

ore
& anote

data: ___/___/___

D S T Q Q S S

leitura do dia:

como aplicar na minha vida:

agradeço por:

perdão por:

pedidos e anotações do dia:

ore
& anote

data: ___/___/___

D S T Q Q S S

leitura do dia:

como aplicar na minha vida:

agradeco por:

perdão por:

pedidos e anotações do dia:

ore
& anote

data: ___/___/___

D S T Q Q S S

leitura do dia:

como aplicar na minha vida:

agradeco por:

perdão por:

pedidos e anotações do dia:

ore
& anote

data: ___/___/___

D S T Q Q S S

leitura do dia:

como aplicar na minha vida:

agradeco por:

perdão por:

pedidos e anotações do dia:

ore
& anote

data: ___/___/___

D S T Q Q S S

leitura do dia:

como aplicar na minha vida:

agradeço por:

perdão por:

pedidos e anotações do dia:

ore
& anote

data: ___/___/___

D S T Q Q S S

leitura do dia:

como aplicar na minha vida:

agradeco por:

perdão por:

pedidos e anotações do dia:

ore
& anote

data: ___/___/___

D S T Q Q S S

leitura do dia:

como aplicar na minha vida:

agradeco por:

perdão por:

pedidos e anotações do dia:

ore & anote

data: ___/___/___

D S T Q Q S S

leitura do dia:

como aplicar na minha vida:

agradeco por:

perdão por:

pedidos e anotações do dia:

ore
& anote

data: ___/___/___

D S T Q Q S S

leitura do dia:

como aplicar na minha vida:

agradeco por:

perdão por:

pedidos e anotações do dia:

ore
& anote

data: ___/___/___

D S T Q Q S S

leitura do dia:

como aplicar na minha vida:

agradeço por:

perdão por:

pedidos e anotações do dia:

ore
& anote

data: ___/___/___

D S T Q Q S S

leitura do dia:

como aplicar na minha vida:

agradeço por:

perdão por:

pedidos e anotações do dia:

ore
& anote

data: ___/___/___

D S T Q Q S S

leitura do dia:

como aplicar na minha vida:

agradeco por:

perdao por:

pedidos e anotações do dia:

ore
& anote

data: ___/___/___

D S T Q Q S S

leitura do dia:

como aplicar na minha vida:

agradeço por:

perdão por:

pedidos e anotações do dia:

ore
& anote

data: ___/___/___

D S T Q Q S S

leitura do dia:

como aplicar na minha vida:

agradeco por:

perdão por:

pedidos e anotações do dia:

ore
& anote

data: ___/___/___

D S T Q Q S S

leitura do dia:

como aplicar na minha vida:

agradeco por:

perdão por:

pedidos e anotações do dia:

ore
& anote

data: ___/___/___

D S T Q Q S S

leitura do dia:

como aplicar na minha vida:

agradeco por:

perdão por:

pedidos e anotações do dia:

ore
& anote

data: ___/___/___

D S T Q Q S S

leitura do dia:

como aplicar na minha vida:

____

____

____

____

agradeço por:

____

____

____

____

____

____

____

____

____

perdão por:

____

____

____

____

____

____

____

____

____

pedidos e anotações do dia:

____

____

____

____

ore
& anote

data: ___/___/___

D S T Q Q S S

leitura do dia:

como aplicar na minha vida:

agradeco por:

perdão por:

pedidos e anotações do dia:

ore
& anote

data: ___/___/___

D S T Q Q S S

leitura do dia:

como aplicar na minha vida:

agradeço por:

perdão por:

pedidos e anotações do dia:

ore
& anote

data: ___/___/___

D S T Q Q S S

leitura do dia:

como aplicar na minha vida:

agradeco por:

perdão por:

pedidos e anotações do dia:

ore
& anote

data: ___/___/___

D S T Q Q S S

leitura do dia:

como aplicar na minha vida:

agradeço por:

perdão por:

pedidos e anotações do dia:

ore
& anote

data: ___/___/___

D S T Q Q S S

leitura do dia:

como aplicar na minha vida:

agradeco por:

perdão por:

pedidos e anotações do dia:

ore
& anote

data: ___/___/___

D S T Q Q S S

leitura do dia:

como aplicar na minha vida:

agradeco por:

perdão por:

pedidos e anotações do dia:

ore
& anote

data: ___/___/___

D S T Q Q S S

leitura do dia:

como aplicar na minha vida:

agradeco por:

perdão por:

pedidos e anotacões do dia:

ore
& anote

data: ___/___/___

D S T Q Q S S

leitura do dia:

como aplicar na minha vida:

agradeço por:

perdão por:

pedidos e anotações do dia:

ore
& anote

data: ___/___/___

D S T Q Q S S

leitura do dia:

como aplicar na minha vida:

agradeco por:

perdão por:

pedidos e anotações do dia:

ore
& anote

data: ___/___/___

D S T Q Q S S

leitura do dia:

como aplicar na minha vida:

agradeço por:

perdão por:

pedidos e anotações do dia:

ore
& anote

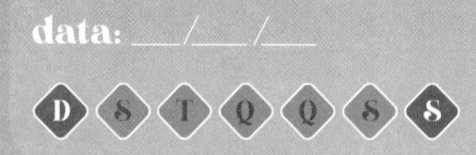

data: ___/___/___

D S T Q Q S S

leitura do dia:

como aplicar na minha vida:

agradeco por:

perdao por:

pedidos e anotações do dia:

ore
& anote

data: ___/___/___

D S T Q Q S S

leitura do dia:

como aplicar na minha vida:

agradeco por:

perdao por:

pedidos e anotacoes do dia:

ore
& anote

data: ___/___/___

D S T Q Q S S

leitura do dia:

como aplicar na minha vida:

agradeço por:

perdão por:

pedidos e anotações do dia:

ore
& anote

data: ___/___/___

D S T Q Q S S

leitura do dia:

como aplicar na minha vida:

agradeco por:

perdão por:

pedidos e anotações do dia:

ore
& anote

data: ___/___/___

D S T Q Q S S

leitura do dia:

como aplicar na minha vida:

agradeco por:

perdão por:

pedidos e anotações do dia:

ore
& anote

data: ___/___/___

D S T Q Q S S

leitura do dia:

como aplicar na minha vida:

agradeco por:

perdão por:

pedidos e anotações do dia:

ore
& anote

data: ___/___/___

D S T Q Q S S

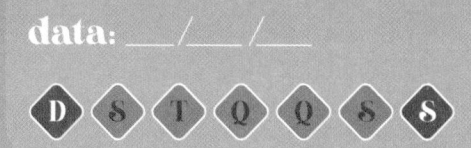

leitura do dia:

como aplicar na minha vida:

agradeço por:

perdão por:

pedidos e anotações do dia:

ore
& anote

data: ___/___/___

D S T Q Q S S

leitura do dia:

como aplicar na minha vida:

agradeço por:

perdão por:

pedidos e anotações do dia:

ore
& anote

data: ___/___/___

D S T Q Q S S

leitura do dia:

como aplicar na minha vida:

agradeco por:

perdão por:

pedidos e anotações do dia:

ore
& anote

data: ___/___/___

D S T Q Q S S

leitura do dia:

como aplicar na minha vida:

agradeço por:

perdão por:

pedidos e anotações do dia:

ore
& anote

data: ___/___/___

D S T Q Q S S

leitura do dia:

como aplicar na minha vida:

agradeco por:

perdão por:

pedidos e anotações do dia:

ore
& anote

data: ___/___/___

D S T Q Q S S

leitura do dia:

como aplicar na minha vida:

agradeco por:

perdao por:

pedidos e anotações do dia:

ore
& anote

data: ___/___/___

D S T Q Q S S

leitura do dia:

como aplicar na minha vida:

agradeço por:

perdão por:

pedidos e anotações do dia:

ore
& anote

data: ___/___/___

D S T Q Q S S

leitura do dia:

como aplicar na minha vida:

agradeco por:

perdão por:

pedidos e anotacoes do dia:

ore
& anote

data: ___/___/___

D S T Q Q S S

leitura do dia:

como aplicar na minha vida:

agradeço por:

perdão por:

pedidos e anotações do dia:

ore & anote

data: ___/___/___

D S T Q Q S S

leitura do dia:

como aplicar na minha vida:

agradeço por:

perdão por:

pedidos e anotações do dia:

ore
& anote

data: ___/___/___

D S T Q Q S S

leitura do dia:

como aplicar na minha vida:

agradeço por:

perdão por:

pedidos e anotações do dia:

ore
& anote

data: ___/___/___

D S T Q Q S S

leitura do dia:

como aplicar na minha vida:

agradeço por:

perdão por:

pedidos e anotações do dia:

ore
& anote

data: ___/___/___

D S T Q Q S S

leitura do dia:

como aplicar na minha vida:

agradeço por:

perdão por:

pedidos e anotações do dia:

ore
& anote

data: ___/___/___

D S T Q Q S S

leitura do dia:

como aplicar na minha vida:

agradeco por:

perdao por:

pedidos e anotações do dia:

ore
& anote

data: ___/___/___

D S T Q Q S S

leitura do dia:

como aplicar na minha vida:

agradeco por:

perdão por:

pedidos e anotações do dia:

ore
& anote

data: ___/___/___

D S T Q Q S S

leitura do dia:

como aplicar na minha vida:

agradeco por:

perdão por:

pedidos e anotações do dia:

ore
& anote

data: ___/___/___

D S T Q Q S S

leitura do dia:

como aplicar na minha vida:

agradeço por:

perdão por:

pedidos e anotações do dia:

ore
& anote

data: ___/___/___

D S T Q Q S S

leitura do dia:

como aplicar na minha vida:

agradeço por:

perdão por:

pedidos e anotações do dia:

ore
& anote

data: ___/___/___

D S T Q Q S S

leitura do dia:

como aplicar na minha vida:

agradeço por:

perdão por:

pedidos e anotações do dia:

ore
& anote

data: ___/___/___

D S T Q Q S S

leitura do dia:

como aplicar na minha vida:

agradeco por:

perdão por:

pedidos e anotações do dia:

ore
& anote

data: ___/___/___

D S T Q Q S S

leitura do dia:

como aplicar na minha vida:

agradeco por:

perdão por:

pedidos e anotações do dia:

ore
& anote

data: ___/___/___

D S T Q Q S S

leitura do dia:

como aplicar na minha vida:

agradeço por:

perdão por:

pedidos e anotações do dia:

ore
& anote

data: ___/___/___

D S T Q Q S S

leitura do dia:

como aplicar na minha vida:

agradeco por:

perdão por:

pedidos e anotações do dia:

ore
& anote

data: ___/___/___

D S T Q Q S S

leitura do dia:

como aplicar na minha vida:

agradeco por:

perdão por:

pedidos e anotações do dia:

ore
& anote

data: ___/___/___

D S T Q Q S S

leitura do dia:

como aplicar na minha vida:

agradeço por:

perdão por:

pedidos e anotações do dia:

ore
& anote

data: ___/___/___

D S T Q Q S S

leitura do dia:

como aplicar na minha vida:

agradeco por:

perdao por:

pedidos e anotações do dia:

ore
& anote

data: ___/___/___

D S T Q Q S S

leitura do dia:

como aplicar na minha vida:

____

____

____

____

agradeco por:

____

____

____

____

____

____

____

____

____

perdao por:

____

____

____

____

____

____

____

____

____

pedidos e anotações do dia:

____

____

____

____

ore
& anote

data: ___/___/___

D S T Q Q S S

leitura do dia:

como aplicar na minha vida:

agradeço por:

perdão por:

pedidos e anotações do dia:

ore
& anote

data: ___/___/___

D S T Q Q S S

leitura do dia:

como aplicar na minha vida:

agradeço por:

perdão por:

pedidos e anotações do dia:

ore
& anote

data: ___/___/___

D S T Q Q S S

leitura do dia:

como aplicar na minha vida:

agradeço por:

perdão por:

pedidos e anotações do dia:

ore
& anote

data: ___/___/___

D S T Q Q S S

leitura do dia:

como aplicar na minha vida:

agradeço por:

perdão por:

pedidos e anotações do dia:

ore
& anote

data: ___/___/___

D S T Q Q S S

leitura do dia:

como aplicar na minha vida:

agradeço por:

perdão por:

pedidos e anotações do dia:

ore
& anote

data: ___/___/___

D S T Q Q S S

leitura do dia:

como aplicar na minha vida:

agradeco por:

perdao por:

pedidos e anotações do dia:

ore
& anote

data: ___/___/___

D S T Q Q S S

leitura do dia:

como aplicar na minha vida:

agradeço por:

perdão por:

pedidos e anotações do dia:

ore
& anote

data: ___/___/___

D S T Q Q S S

leitura do dia:

como aplicar na minha vida:

agradeco por:

perdao por:

pedidos e anotações do dia:

ore
& anote

data: ___/___/___

D S T Q Q S S

leitura do dia:

como aplicar na minha vida:

agradeço por:

perdão por:

pedidos e anotações do dia:

ore
& anote

data: ___/___/___

D S T Q Q S S

leitura do dia:

como aplicar na minha vida:

agradeço por:

perdão por:

pedidos e anotações do dia:

ore
& anote

data: __/__/__

D S T Q Q S S

leitura do dia:

como aplicar na minha vida:

agradeco por:

perdão por:

pedidos e anotações do dia:

ore
& anote

data: ___/___/___

D S T Q Q S S

leitura do dia:

como aplicar na minha vida:

agradeco por:

perdão por:

pedidos e anotações do dia:

ore
& anote

data: ___/___/___

D S T Q Q S S

leitura do dia:

como aplicar na minha vida:

agradeço por:

perdão por:

pedidos e anotações do dia:

ore
& anote

data: ___/___/___

D S T Q Q S S

leitura do dia:

como aplicar na minha vida:

agradeço por:

perdão por:

pedidos e anotações do dia:

ore
& anote

data: ___/___/___

D S T Q Q S S

leitura do dia:

como aplicar na minha vida:

agradeco por:

perdão por:

pedidos e anotações do dia:

ore
& anote

data: ___/___/___

D S T Q Q S S

leitura do dia:

como aplicar na minha vida:

agradeço por:

perdão por:

pedidos e anotações do dia:

ore
& anote

data: ___/___/___

D S T Q Q S S

leitura do dia:

como aplicar na minha vida:

agradeco por:

perdao por:

pedidos e anotaçoes do dia:

ore
& anote

data: ___/___/___

D S T Q Q S S

leitura do dia:

como aplicar na minha vida:

agradeço por:

perdão por:

pedidos e anotações do dia:

ore
& anote

data: ___/___/___

D S T Q Q S S

leitura do dia:

como aplicar na minha vida:

agradeco por:

perdão por:

pedidos e anotações do dia:

ore
& anote

data: ___/___/___

D S T Q Q S S

leitura do dia:

como aplicar na minha vida:

agradeço por:

perdão por:

pedidos e anotações do dia:

ore
& anote

data: ___/___/___

D S T Q Q S S

leitura do dia:

como aplicar na minha vida:

agradeco por:

perdão por:

pedidos e anotações do dia:

ore
& anote

data: ___/___/___

D S T Q Q S S

leitura do dia:

como aplicar na minha vida:

agradeco por:

perdão por:

pedidos e anotações do dia:

ore
& anote

data: ___/___/___

D S T Q Q S S

leitura do dia:

como aplicar na minha vida:

agradeço por:

perdão por:

pedidos e anotações do dia:

ore
& anote

data: ___/___/___

D S T Q Q S S

leitura do dia:

como aplicar na minha vida:

agradeco por:

perdao por:

pedidos e anotações do dia:

ore
& anote

data: ___/___/___

D S T Q Q S S

leitura do dia:

como aplicar na minha vida:

agradeco por:

perdão por:

pedidos e anotações do dia:

ore
& anote

data: ___/___/___

D S T Q Q S S

leitura do dia:

como aplicar na minha vida:

agradeço por:

perdão por:

pedidos e anotações do dia:

ore
& anote

data: ___/___/___

D S T Q Q S S

leitura do dia:

como aplicar na minha vida:

agradeço por:

perdão por:

pedidos e anotações do dia:

ore
& anote

data: ___/___/___

D S T Q Q S S

leitura do dia:

como aplicar na minha vida:

agradeco por:

perdão por:

pedidos e anotaçoes do dia:

ore
& anote

data: ___/___/___

D S T Q Q S S

leitura do dia:

como aplicar na minha vida:

agradeço por:

perdao por:

pedidos e anotações do dia:

ore
& anote

data: ___/___/___

D S T Q Q S S

leitura do dia:

como aplicar na minha vida:

agradeco por:

perdao por:

pedidos e anotações do dia:

ore
& anote

data: ___/___/___

D S T Q Q S S

leitura do dia:

como aplicar na minha vida:

agradeço por:

perdao por:

pedidos e anotações do dia:

ore
& anote

data: ___/___/___

D S T Q Q S S

leitura do dia:

como aplicar na minha vida:

agradeco por:

perdão por:

pedidos e anotações do dia:

ore
& anote

data: ___/___/___

D S T Q Q S S

leitura do dia:

como aplicar na minha vida:

agradeço por:

perdão por:

pedidos e anotações do dia:

ore & anote

data: ___/___/___

D S T Q Q S S

leitura do dia:

como aplicar na minha vida:

agradeço por:

perdão por:

pedidos e anotações do dia:

ore
& anote

data: ___/___/___

D S T Q Q S S

leitura do dia:

como aplicar na minha vida:

agradeço por:

perdão por:

pedidos e anotações do dia:

ore
& anote

data: ___/___/___

D S T Q Q S S

leitura do dia:

como aplicar na minha vida:

agradeço por:

perdão por:

pedidos e anotações do dia:

ore
& anote

data: ___/___/___

D S T Q Q S S

leitura do dia:

como aplicar na minha vida:

agradeço por:

perdão por:

pedidos e anotações do dia:

ore
& anote

data: ___/___/___

D S T Q Q S S

leitura do dia:

como aplicar na minha vida:

agradeco por:

perdão por:

pedidos e anotações do dia:

ore
& anote

data: ___/___/___

D S T Q Q S S

leitura do dia:

como aplicar na minha vida:

agradeço por:

perdão por:

pedidos e anotações do dia:

ore
& anote

data: ___/___/___

D S T Q Q S S

leitura do dia:

como aplicar na minha vida:

agradeço por:

perdão por:

pedidos e anotações do dia:

ore
& anote

data: ___/___/___

D S T Q Q S S

leitura do dia:

como aplicar na minha vida:

agradeco por:

perdão por:

pedidos e anotações do dia:

ore
& anote

data: ___/___/___

D S T Q Q S S

leitura do dia:

como aplicar na minha vida:

agradeço por:

perdão por:

pedidos e anotações do dia:

ore
& anote

data: ___/___/___

D S T Q Q S S

leitura do dia:

como aplicar na minha vida:

____

____

____

____

agradeço por:

____

____

____

____

____

____

____

____

____

perdão por:

____

____

____

____

____

____

____

____

____

pedidos e anotações do dia:

____

____

____

____

ore
& anote

data: ___/___/___

D S T Q Q S S

leitura do dia:

como aplicar na minha vida:

agradeço por:

perdao por:

pedidos e anotações do dia:

ore
& anote

data: ___/___/___

D S T Q Q S S

leitura do dia:

como aplicar na minha vida:

agradeco por:

perdão por:

pedidos e anotações do dia:

ore
& anote

data: ___/___/___

D S T Q Q S S

leitura do dia:

como aplicar na minha vida:

agradeço por:

perdão por:

pedidos e anotações do dia:

ore
& anote

data: ___/___/___

D S T Q Q S S

leitura do dia:

como aplicar na minha vida:

agradeco por:

perdão por:

pedidos e anotações do dia:

ore
& anote

data: ___/___/___

D S T Q Q S S

leitura do dia:

como aplicar na minha vida:

agradeço por:

perdão por:

pedidos e anotações do dia:

ore
& anote

data: ___/___/___

D S T Q Q S S

leitura do dia:

como aplicar na minha vida:

agradeco por:

perdao por:

pedidos e anotações do dia:

ore
& anote

data: ___/___/___

D S T Q Q S S

leitura do dia:

como aplicar na minha vida:

____

____

____

____

agradeco por:

____

____

____

____

____

____

____

____

____

perdão por:

____

____

____

____

____

____

____

____

____

pedidos e anotações do dia:

____

____

____

____

ore
& anote

data: ___/___/___

D S T Q Q S S

leitura do dia:

como aplicar na minha vida:

agradeco por:

perdão por:

pedidos e anotações do dia:

ore
& anote

data: ___/___/___

D S T Q Q S S

leitura do dia:

como aplicar na minha vida:

agradeco por:

perdão por:

pedidos e anotações do dia:

ore
& anote

data: ___/___/___

D S T Q Q S S

leitura do dia:

como aplicar na minha vida:

agradeço por:

perdão por:

pedidos e anotações do dia:

ore
& anote

data: ___/___/___

D S T Q Q S S

leitura do dia:

como aplicar na minha vida:

agradeco por:

perdão por:

pedidos e anotações do dia:

ore
& anote

data: ___/___/___

D S T Q Q S S

leitura do dia:

como aplicar na minha vida:

agradeco por:

perdão por:

pedidos e anotações do dia:

ore
& anote

data: ___/___/___

D S T Q Q S S

leitura do dia:

como aplicar na minha vida:

agradeço por:

perdão por:

pedidos e anotações do dia:

ore
& anote

data: ___/___/___

D S T Q Q S S

leitura do dia:

como aplicar na minha vida:

agradeco por:

perdão por:

pedidos e anotações do dia:

ore
& anote

data: ___/___/___

D S T Q Q S S

leitura do dia:

como aplicar na minha vida:

agradeço por:

perdão por:

pedidos e anotações do dia:

ore
& anote

data: ___/___/___

D S T Q Q S S

leitura do dia:

como aplicar na minha vida:

agradeço por:

perdão por:

pedidos e anotações do dia:

ore
& anote

data: ___/___/___

D S T Q Q S S

leitura do dia:

como aplicar na minha vida:

agradeço por:

perdao por:

pedidos e anotações do dia:

sobre a autora

MÁRCIA MARINHO é graduada em Psicologia e pós-graduada em Psicologia Clínica pela Unicap-PE, além de ter formação em Teologia pelo Seminário Anglicano de Teologia.

Ela e o marido, Darrell Marinho, são conferencistas e mentores com foco na família e atuam no Brasil e no exterior. O casal já escreveu vários livros, entre eles *Não crie seu filho para o mundo*, *Quando a família corre perigo* e dois *#ficaadica*, cada qual contendo 100 atitudes que podem mudar o dia a dia do seu casamento e do sexo no casamento — todos publicados pela Editora Hagnos. Eles têm um canal do YouTube, a #TvA2 — A Tv do Amor, que atingiu mais de 12 milhões de visualizações, com mais de 650 aulas gratuitas.

Márcia e Darrell são casados desde 1995 e pais de Emilly, Darrell Filho e Dyllan e avós de Bryan.

Conecte-se com eles:

www.marciaedarrell.com.br

@marciaedarrell

youtube.com/ momentoA2